1983 – Ein ganz besonderes Jahr!

1983 ist ein besonderes Jahr: Der Aerobic-Trend erfasst Deutschland, Michael Jackson`s „Thriller“ bricht alle Rekorde und Amy Winehouse erblickt das Licht der Welt.

Eine spannende und amüsante Zeitreise für jede Frau, die immer schon mal wissen wollte, welche Trends in ihrem Geburtsjahr begründet wurden und welche bedeutenden Ereignisse es gab.

Ein Ereignis ist dabei ganz besonders hervorzuheben:

Das größte F
ist die Ge

W0278519

Liebes Geburtstagskind,

Inhalt

Chinesisches Horoskop

Wer im Jahr 1983 das Licht der Welt erblickte, ist im **chinesischen Tierkreiszeichen des Schweins** geboren.

Das chinesische Sternzeichen des Schweins steht für Natürlichkeit und Leidenschaft.

Das Charakterbild der im Sternzeichen des Schweins geborene Frau

Eine Frau die im chinesischen Tierkreiszeichen des Schweins geboren ist, ist fleißig, mitfühlend und großzügig. Sie ist freundlich und kontaktfreudig und liebt es, andere Menschen zu umsorgen und zu verwöhnen. In einer vertrauten Umgebung blüht sie so richtig auf. Sie ist die geborene Genießerin und hat eine Vorliebe für die schönen Dinge des Lebens.

Natürlich und bodenständig mit klaren Zielen im Leben - das ist ebenfalls typisch für die Frau mit dem Tierkreiszeichen Schwein. Von Rückschlägen lässt sie sich nicht so leicht entmutigen. Konsequent und ausdauernd steht sie für das ein, was ihr wichtig ist. Egal wie schwierig ein Problem zu sein scheint, sie geht es vorsichtig und zielstrebig an und beendet was sie begonnen hat.

Die im Zeichen des Schweins geborene Frau behält immer die Ruhe und ist um ein harmonisches Miteinander bedacht. Mit ihrem gutmütigen, toleranten und großzügigen Wesen erscheint sie sehr offen und vertrauenswürdig. Ihre Liebe zur Wahrheit entspringt ihrer tiefverwurzelten Ehrlichkeit.

Glückszahlen	Glücksfarben	Glücksblumen
2 5 8 oder Zahlen, die 2, 5, und 8 beinhalten (wie 25 oder 58)	gelb, grau, braun, golden	 Hortensie  Gänseblümchen

Ihr friedliches äußeres Wesen täuscht oftmals über ihre leidenschaftliche Natur hinweg. Die im Zeichen des Schweins geborene Frau ist sehr gefühlvoll und zeigt, wenn sie jemanden gern hat. Sie ist sehr hilfsbereit und man kann sich jederzeit auf sie verlassen. Lebenslustig, gesellig und durchaus sehr charmant weiß sie, wie man ein harmonisches Miteinander schaffen kann.

Dabei liegt ihr das Wohl der Familie genauso am Herzen wie das anderer Menschen. In ihrer Liebe ist sie treu und aufrichtig. Dabei möchte sie Sicherheit und wünscht sich jemanden an ihrer Seite, der sie beschützen kann.

Auf den folgenden Seiten sind Trends, Ereignisse und Geschichten angeführt, die das Geburtsjahr 1983 aus Sicht der Frau zu einem besonderen Jahr machen. Viel Spaß beim Schmunzeln und Staunen!

Eine prägende Musikerin

Die englische Sängerin und Songwriterin *Amy Jade Winehouse* wird am *16. September 1983* als Tochter einer jüdischen Familie in Southgate (London) geboren.

Die extravagante Künstlerin wird nicht nur wegen ihres unverwechselbaren Musikstils auf Basis des Souls der Sixties und ihrer charakteristischen Stimme bekannt, sondern auch durch ihren markanten Look mit der aufgetürmten Beehive-Frisur. Ihr erfolgreichstes Album ist *„Back to Black“* (2006). Ihr Erfolg wird mit sechs Grammys gewürdigt.

Mit dem Album „Frank“ beginnt 2003 die Karriere von Amy Winehouse. Der „Guardian“ schreibt damals: „Winehouse klingt so, als wäre sie bereits tausendmal in verrauchten Jazzclubs aufgetreten. Es ist also eine Überraschung, zu erfahren, dass sie erst 19 und in Nordlondon aufgewachsen ist.“ Nur zwei Alben braucht Amy Winehouse, um zu einer der prägendsten Musikerinnen ihrer Generation zu werden.

Oversize und superbreit

Oversize und superbreite Schultern sind die gemeinsamen Nenner der vielseiten Mode 1983. Schulterpolster, die große Puffärmel überdimensional erscheinen lassen, haben Hochkonjunktur.

Oversize-Look aus Jersey als Hosenkombination oder wadenlanges Kleid.

Hosenanzug mit taillenbetonter Bundfaltenhose und Spitzentop.

Die erwünschte Figurbetonung geben bis zu 30 cm breite Nieren- oder Miedergürtel aus Stretch. Darüber werden schmale Ledergürtel getragen. Auch durch neue Bundlösungen bei Hosen wird die Taillenbetonung erreicht, zum Beispiel durch Bundfalten, die über die Taille reichen.

Oscar-prämierter Kassenschlager

Am 12. April wird bei der 55. Oscar-Preisverleihung der Film *„Gandhi“* des britischen Regisseurs *Richard Attenborough* mit acht Oscars ausgezeichnet. Das dreistündige Epos schildert das Leben des indischen Freiheitskämpfers Mohandas Karamchand „Mahatma“ Gandhi. Ohne Blutvergießen, allein durch gewaltlosen Widerstand gelingt es ihm und seinen Anhängern 1947, die britischen Kolonialherren zum Abzug aus ihrer Heimat zu zwingen.

Gandhi: Monumentalwerk von Richard Attenborough: Die historische Filmbiografie gibt den Lebensweg Mahatma Gandhis wieder.

Der Film, dem eine 20-jährige Vorbereitungszeit vorausging, verschlang 22 Mio. USD an Produktionskosten. Schon bei Probevorführungen in Delhi, London und New York konnte er Triumpfe feiern, bevor er auch in deutschen Kinos zum Kassenschlager wird.

Erste bleifreie Zapfsäule Europas

Am 7. November 1983 nimmt die Allguth-Filiale in der Münchner Von-Kahr-Straße als *erste kommerzielle Tankstelle* Europas die vierte Zapfsäule in Betrieb: Bleifrei - neben Normal, Super und Diesel, der Liter für 1,389 Mark. Zur Eröffnung gibt es Brotzeit und Blasmusik. Viele sind in Lederhosen gekommen, um zu tanken oder anderen beim Tanken zuzusehen.

Zur Eröffnung der ersten Zapfsäule mit bleifreiem Benzin gibt Bundesinnenminister Friedrich Zimmermann (CSU) in München den Tankwart.

Bleifreies Benzin ist vor allem die Voraussetzung für den Einbau von Katalysatoren, welche die übrigen Schadstoffe - Kohlenwasserstoffe, Kohlenstoffmonoxid, Stickoxide - fast restlos aus dem Abgas filtern, am Blei aber zugrunde gehen. In den USA und Japan war das bleifreie Benzin schon in den Siebzigern eingeführt worden.

DREIMAL DOPPELHERZ ...
GEBEN SIE EINE PARTY?
APOTHEKE

Exklusiv: Leckere Avocado-Rezepte zum Download

Während es in den USA schon seit den 1970er Jahren Avocado-Kochbücher gibt, sind diese in Deutschland erst Anfang der 1980er Jahre erhältlich

Neun leckere Avocado Rezepte aus den frühen 80er Jahren gibt es hier mittels QR-Code oder Link zum Download:

https://bit.ly/neun-avocado-rezepte

Das geschah 1993, als du 10 Jahre alt warst:

Der Song „ I will always love you" ist Whitney Houstons größter Hit und geht 1993 durch die Decke. Er wurde schon über ***1,2 Milliarden Mal*** *auf Youtube aufgerufen.*

https://bit.ly/whitney-superhit

„Traumhochzeit" mit Moderatorin Linda de Mol wird 1993 zum TV-Quotenhit.

Nelson Mandela und Frederik Willem de Klerk erhalten den Friedensnobelpreis 1993 für ihren Einsatz gegen die Apartheid in Südafrika.

Erste Amerikanerin im All

Am 18. Juni 1983 fliegt die Physikerin *Sally Kristen Ride* als erste amerikanische Astronautin mit dem Space Shuttle *Challenger* in den Weltraum. Moskau hatte schon im Jahr 1963 mit *Walentina Tereschkowa* erstmals eine Frau in den Weltraum geschickt. Zu der Zeit hatte die NASA, deren Raumfahrer lange nur männliche Kampfpiloten waren, gerade mal entschieden, ihr frauenfeindliches Image aufzubessern.

Sally Kristen Ride schreibt als erste US-Astronautin Raumfahrtgeschichte.

Im Jahr 1978 stellt die NASA die ersten sechs Astronauten-Anwärterinnen ein - unter ihnen die junge Forscherin *Sally Ride,* die sich an der Stanford University in Palo Alto mit Astrophysik und der Physik der Freie-Elektronen-Laser befasst hatte. Als die Raumfähre Challenger am 18. Juni 1983 mit ihr an Bord abhob, ist sie erst 32 Jahre und 23 Tage alt.

Werbung im Höhenflug

Die deutsche Werbebranche verzeichnet 1983 kräftiger Zuwächse. Insgesamt 13,5 Mrd. DM geben die Anbieter von Konsumgütern und Dienstleistungen in diesem Jahr in der BRD aus. Die Ausgaben für Anzeigen, Fernsehspots und Wurfsendungen haben sich damit in einem Zeitraum von zehn Jahren fast verdoppelt.

Ein Bild als Blickfang, ein witziger Slogan, kurz und einprägsam: So sollte „gute Werbung“ sein.

Der Getränkeherstelle Schweppes beweist, dass es auch anders geht. Mit originellen, nicht gerade leicht verständlichen Texten wirbt er für sein Produkt.

Am kräftigsten rühren die Hersteller von Körperpflegeprodukten und Arzneimitteln die Werbetrommel. Auf ihre Erzeugnisse entfallen allein 11% der Werbeausgaben in der BRD.

Deutsche entdecken das Fahrrad

Seit den 1970er Jahren hat der Freizeitsport in der BRD stark zugenommen. Der Sport dient dabei nicht nur der körperlichen Ertüchtigung, sondern auch der Imagepflege und erschließt ein neues Konsumfeld. Neue Spezialräder (*BMX* und *Mountain Bike*) sollen das Interesse am guten alten Fahrrad ankurbeln.

Das geländetaugliche Mountain Bike verlockt zu Touren abseits der asphaltierten Straßen.

Mountain Bikes sehen 1983 einem normalen Fahrrad noch sehr ähnlich.

Öl, Intrigen und Big Business

Am 27. April flimmert die erste Folge des *„Denver-Clan"* über den Bildschirm. In den USA läuft die Seifenoper um den Ölmagnaten Blake Carrington und seine intrigante Familie unter dem Titel *„Dynasty"* schon seit 1981.

Nach dem selben Muster wie Vorbild *„Dallas"* bringen die Carringtons wohldosiert und leicht verdaulich Luxus, Mord und Leidenschaft in deutsche Wohnzimmer.

Glamour und Geldadel bietet die US-Serie „Denver Clan". Hauptfiguren sind Blake Carrington, das „Biest" Alexis und die schöne Krystle.

Trotz Ölreichtum und Big Business werden *Blake Carrington* und seine Frau *Krystle* Folge für Folge von unlösbaren Problemen und schweren Schicksalsschlägen heimgesucht. „Geld allein macht auch nicht glücklich", so die Botschaft an das deutsche Publikum.

Mit Geld zurück in die Heimat

Am 30. November tritt ein Gesetz in Kraft, das vorsieht, dass Arbeitnehmer aus Ländern, die nicht der EG angehören, eine *Rückkehrhilfe* in Höhe von 10.500 DM plus 1.500 DM für jedes Kind erhalten, wenn sie mit ihren Familien die Bundesrepublik auf Dauer verlassen. Voraussetzung ist, dass sie wegen eines Konkurses oder einer Betriebsstillegung arbeitslos geworden oder seit mindestens einem halben Jahr von Kurzarbeit betroffen sind.

Diese Gastarbeiter gehören zu den rund 100.000 ausländischen Arbeitnehmern, die bis Juni 1986 die Rückkehrhilfe in Anspruch nehmen.

Von den 1983 in der BRD lebenden 4,5 Mio. Ausländern leben rund 35% seit 10-15 Jahren, 11% seit 15-20 und 9% seit 20 und mehr Jahren in der Bundesrepublik.

Gegen Hunger und Appetit

Bei dem Versuch den eigenen Körper dem gesunden und schlanken Schönheitsideal der 80er Jahre anzupassen, wollen auch die *„Weight-Watchers“* (engl. Gewichts-Beobachter) helfen. Sie etablieren sich 1983 in der ganzen Bundesrepublik. Ihre Mitglieder kontrollieren, bei regelmäßigen Gesprächen innerhalb einer Gruppe, ihr eigenes Eßverhalten und das der anderen.

„Essanfall ich besiege Dich!“ steht auf der Tafel. Bei ihrem gemeinsamen Kampf gegen zu viel Gewicht prägen sich die TeilnehmerInnen einer „Weight Watcher“- Gruppe in Düsseldorf Durchhalteparolen gegen Hunger und Appetit ein.

SCHATZ, DU HATTEST EINEN ALBTRAUM.
KALORIEN! DA WAREN ÜBERALL KALORIEN!

Was 1983 sonst noch geschah ...

15. Januar:
Das seit 1930 in Deutschland bestehende staatliche Zündholzmonopol läuft aus.

4. Februar:
Eine Sinfonie, die Wolfgang Amadeus Mozart vermutlich als Neunjähriger geschrieben hat, wird in Odense (Dänemark) entdeckt.

9. Februar:
Das Rennpferd „Shergar“ des indischen Fürsten Prinz Aga Khan IV. wird in der Nähe von Dublin entführt. Die Erpresser fordern 6,25 Mio. DM für die Rückgabe des Pferdes.

8. Juli:
Die elfjährige US-Amerikanerin Samantha Smith trifft zu einem Besuch des sowjetischen Staats- und Parteichefs Juri. W. Andropow in Moskau ein. Die Schülerin hatte Andropow einen Brief geschrieben und ihn gefragt, warum die Sowjetunion die Welt beherrschen wolle. Darauhin hatte Andropow sie eingeladen, sich selbst vom Friedenswillen seines Landes zu überzeugen.

Das seit 1930 bestehende Zündholzmonopol endet im Jahr 1983.

Was 1983 sonst noch geschah …

10. August:
Nach 1973 gewinnen die bundesdeutschen Hochseesegler zum zweiten Mal den Admiral`s Cup, die inoffizielle Segel-Weltmeisterschaft.

5. Oktober:
Der Literaturnobelpreis wird dem Briten William Golding zugesprochen. Der Erzähler wurde durch seinen 1954 erschienenen Roman *„Herr der Fliegen"* bekannt.

19. Dezember:
Die Bundespost gibt bekannt, dass ab sofort weitere 240 Ortsnetze der DDR im telefonischen Selbstwählverkehr von der BRD aus erreicht werden können. Damit sind jetzt mehr als 91% aller DDR-Anschlüsse direkt anwählbar.

William Goldings erster und erfolgreichster Roman beschreibt das Ende der Unschuld und ist eine dunkle Parabel auf die verborgene Barbarei zivilisierter Gesellschaften.

Wärmer als am Mittelmeer

Den ganzen Juli über bescheren ein wolkenloser Himmel und warme Luftströmungen aus der Sahara ganz Europa einen *Jahrhundertsommer* mit deutschen Hitzerekorden um 39 Grad Celsius im Schatten.

Die Freibäder melden Besucherrekorde und die Zufahrtswege zu einigen Baggerseen müssen wegen Überfüllung gesperrt werden. Und: Die Nachfrage nach alkoholfreien Durstlöschern kann von der Getränkeindustrie kaum noch befriedigt werden.

Picknick im Bachbett: Weil die Hitze in der Innenstadt kaum zu ertragen ist, versuchen die Städter zumindest am Wochenende in nahe Grünanlagen zu fliehen. Wie hier in Berlin nutzen viele Familien die städtischen Parks zum Abkühlen.

Werner - wer sonst?

Mitte August erscheint das dritte „Werner"-Heft mit dem Titel *„Wer sonst?"* im Kieler Semmel Verlag. Werner-Erfinder *Brösel* schreibt die Cartoons, die autobiografisch vom Kneipen-Leben des gurkennasigen Werner handeln, in breitestem Norddeutsch. Die Hefte sind seit zwei Jahren der Renner in der Comic Szene.

Mit vier Haaren und Gurkennase wird Werner Liebling der Nation.

Umzingelt von übereifrigen Krankenschwestern und krakeelenden Putzschwadronen, bringt Brösel 1983 die legendäre Krankenhausgeschichte in „ Werner - Wer sonst?" zu Papier. Mit *„Lehrjahre sind keine Herrenjahre, Teil 1"* feiert der berühmteste Sanitär-Chaot des Universums, sein Debüt.

Exklusiv: Original Strickanleitung aus 1983

Das Häschen sonnt sich auf der Wiese. Es wird, wie auch die Wolken, nach einem Zählmuster gestrickt. Die Konturen werden nachträglich aufgestickt.

Die original Strickanleitung für Größe 80 cm (10-12 Monate) finden Sie zum Ausdrucken unter diesem Link bzw. QR-Code:

https://bit.ly/strickanleitung-1983

Gebetbuch um 32 Millionen

Am 6. Dezember ersteigert die BRD für die Rekordsumme von 32,5 Mio. DM im Auktionshaus Sotheby`s das *Evangeliar Heinrichs des Löwen.* Der Kaufpreis wird gemeinsam vom Bund, den Ländern Bayern und Niedersachsen, der Stiftung Preußischer Kulturbesitz sowie privaten Spendern aufgebracht. Die mittelalterliche Handschrift, die der Welfenherzog Heinrich (um 1129-1195) in Auftrag gab, entstand wahrscheinlich 1175 im Kloster Helmarshausen an der Oberweser.

Kurz vor zwölf Uhr saust der Hammer des Auktionators nieder und erteilt der BRD den Zuschlag.

Überwacht von 15 Fernsehkameras findet im Bücherauktionssaal der Londoner Firma Sotheby die Versteigerung statt. Ein Experte präsentiert die kostbare Handschrift. Das Bieten dauert nur fünf Minuten.

Künstliche Seesrosen vor Floridas Küste

Wie Seerosen erblühen elf kleine Inseln vor der Küste Floridas. Mit *„Surrounded Islands"* kreiert Verpackungskünstler *Christo* ein „Naturwunder auf Zeit". Für 14 Tage umgürtelt der gebürtige Bulgare die vom Zivilisationsmüll vermschmutzten Inseln mit irisierenden Stoffbahnen. Denn Pink, so der Künstler, sei die „allerkünstlichste Farbe". Sie mache den Vorrang des vom Menschen Geschaffenen vor der gewachsenen Natur sichtbar: Das Kunstwerk wird zur schöneren Natur.

Luftaufnahme von Christos „Surrounded Islands".

Die Vorbereitungen für das ehrgeizige Projekt dauerten 30 Monate und verschlangen rund 8 Mio. DM, die der Künstler durch den Verkauf von Zeichnungen und Collagen aufbrachte.

Thriller erobert die Welt

Das Ende 1982 erschienene Aalbum des US-amerikanischen Sängers *Michael Jackson „Thriller“* bricht 1983 alle Rekorde. Mit diesem Album avanciert er zum weltweit kommerziell erfolgreichsten Popsänger der 1980er Jahre. Er wird fortan häufig als „Megastar“ bezeichnet, was bis dahin ein ungebräuchlicher Ausdruck war.

Das Album verbindet Genres wie Pop, R&B, Rock, Post-Disco und Funk. Die Aufnahmen finden mit einem Produktionsbudget von 750.000 US-Dollar statt. Von den neun Titeln auf dem Album werden vier Stücke von Jackson geschrieben. Es werden sieben Singles aus Thriller ausgekoppelt, die alle die Top 10 der Billboard Hot 100 erreichen; zwei davon, *„Billie Jean“* und *„Beat It“* sogar die Spitze der Charts.

Mit rund 65 Millionen verkauften Exemplaren ist Thriller das weltweit meistverkaufte Album.

Den Link und QR-Code zum 850 Millionen Mal (!) gestreamten Video von „Thriller“ gibt es hier:

https://bit.ly/michael-1983

Eine Maus setzt sich durch

1983 präsentiert Apple mit *„Lisa"* erstmals einen Rechner, der dank seiner grafischen Benutzeroberfläche gut mit einer *Maus* bedient werden kann. Apple-Chef Steve Jobs erkannte als einer der ersten das große Potenzial des Eingabegeräts.

Jobs hat das mittlerweile zur Kugelmaus weiterentwickelte Zeigegerät im kalifornischen Forschungszentrum des Druckerherstellers Xerox entdeckt. Während die Xerox-Chefs an der Ostküste die Entwicklung der Maus ignorieren, macht Jobs sie zu einem elementaren Baustein der Apple-Computer und lizenziert die Erfindung als erster.

Mit „Lisa" bietet Apple als erste Computerfirma die sog. Mouse an. Im Gegensatz zur Arbeit mit der Tastatur kann sich der Benutzer mit der Mouse ohne komplizierte Befehlsfolgen auf dem Bildschirm bewegen.

HABT IHR BEIDEN NOCH SEX?
ICH SCHON.

Literatur Bestseller

Auf Platz eins der Jahresbestsellerliste 1983 liegt: Der *„Name der Rose“* (siehe nächste Seite). Auf den Plätzen zwei und drei liegen Romane von *Michael Ende.* Er zählt zu den erfolgreichsten deutschen Jugendbuchautoren. *„Die unendliche Geschichte“, „Momo“* und *„Jim Knopf und Lukas der Lokomotivführer“* sind internationale Erfolge und werden vielfach für Film, Fernsehen und Theater adaptiert. Endes Werke verkaufen sich über 30 Millionen Mal und werden in über 40 Sprachen übersetzt.

Jahres-Bestseller

	BELLETRISTIK		SACHBÜCHER
1	**Eco: Der Name der Rose** Hanser; 39,80 Mark	1	**Scholl-Latour: Allah ist mit den Standhaften** DVA; 39,80 Mark
2	**Ende: Die unendliche Geschichte** Thienemanns; 32 Mark	2	**Watzlawick: Anleitung zum Unglücklichsein** Piper; 16,80 Mark
3	**Ende: Momo** Thienemanns; 22 Mark	3	**Schell: Das Schicksal der Erde** Piper; 19,80 Mark
4	**Allert-Wybranietz: Trotz alledem** Lucy Körner; 12 Mark	4	**Bosmans: Vergiß die Freude nicht** Herder; 17,80 Mark
5	**Simmel: Bitte laßt die Blumen leben** Droemer; 36 Mark	5	**Craig: Über die Deutschen** Beck; 34 Mark
6	**Allert-Wybranietz: Liebe Grüße** Lucy Körner; 12 Mark	6	**Diwald: Luther** Lübbe; 39,80 Mark
7	**Lindgren: Ronja** Oetinger; 20 Mark	7	**Berg: Gesichter Asiens** Hoffmann und Campe; 38 Mark
8	**Clavell: Noblé House Hongkong** Droemer; 45 Mark	8	**Bosmans: Ja zum Leben** Herder; 18,80 Mark
9	**Wolf: Kassandra** Luchterhand; 22 Mark	9	**Langbein, Martin, Sichrovsky, Weiss: Bittere Pillen** Kiepenheuer & Witsch; 29,80 Mark
10	**Tolkien: Der Herr der Ringe** Klett-Cotta; 45 Mark	10	**Capra: Wendezeit – Bausteine für ein neues Weltbild** Scherz; 39,80 Mark

Jahresbestsellerliste 1983 aus dem Nachrichtenmagazin „Der Spiegel“, ermittelt von der buchhändlerischen Fachzeitschrift „Buchreport“. Auf Platz 1: Der Name der Rose, auf Platz 2: Die unendliche Geschichte, auf Platz drei: Momo

Klosterkrimi

„Der Name der Rose“ ist der erste Roman des italienischen Wissenschaftlers und Schriftstellers Umberto Eco. Eco gelingt damit ein Welterfolg. Der 650-Seiten-Roman spielt in einem mittelalterlichen Kloster und steckt voller historisch-religiöser Anspielungen und philosophischer Meditationen. Dennoch fasziniert der Roman Hunderttausende. Das Geheimnis des Buches liegt darin, dass Eco seinen Stoff in eine spannende Kriminalhandlung verpackt und so dem Leser das Mittelalter nahebringt, das er als „Modell unserer Zeit“ auffasst. 1986 wird der Roman mit Sean Connery verfilmt.

Umschlag der ersten Ausgabe und Sean Connery als Mönch in der gleichnamigen Verfilmung.

Den Link und QR-Code zum Film-Trailer gibt es hier:

https://bit.ly/der-name-der-rose

Ein Großer will sich nicht mehr quälen

Am 23. Jänner 1983 überrascht der Schwede *Björn Borg* die Sportwelt mit seiner Aussage, genug vom Tennis zu haben. *„Ich kann nicht 100 Prozent geben. Und wenn ich das nicht tun kann, wäre es nicht fair mir selbst gegenüber, weiterzumachen. Tennis sollte Spaß machen, wenn du auf dem Weg an die Spitze bist. Ich fühle diesen Spaß aber nicht mehr. Deshalb höre ich auf"*, erklärt Borg, der zu diesem Zeitpunkt gerade einmal 26 Jahre alt ist.

Björn Borg macht sich vor allem durch seine fünf Siege in Wimbledon einen Namen.

Als Sieger vom Dienst hat Borg es in den vergangenen zehn Jahren zum Millionär gebracht, weniger durch die Preisgelder, als durch Werbeverträge für unzählige Produkte. Im März eröffnet er sein eigenes Sportgeschäft an seinem Wohnsitz in Monaco.

Lightprodukte auf dem Vormarsch

1983 startet ein neuer Trend: Alle Speisen und Getränke sollen möglichst leicht und kalorienarm sein. So kommt 1983 auch das populärste Erfrischungsgetränk der Welt, Coca-Cola in kalorienreduzierter Form als *„Coke-light"* auf den Markt. Andere Hersteller ziehen nach und versuchen mit „Light"-Getränken den Verzicht auf Kalorien so angenehm wie möglich zu machen.

Mit dem Slogan „Frisch, fit und in Schwung bleiben..." macht die Weltmarke Coca-Cola auf ganzseitigen Anzeigen für die internationale Premiere ihrer kalorienarmen „Coca-Cola light" Werbung.

Aus Platten werden Wohnviertel

In der DDR ist der Bedarf an Wohnraum auch fast 40 Jahre nach Ende des Zweiten Weltkrieges noch immer extrem hoch. Besonders beliebt, weil besonders billig ist die sog. *Plattenbauweise.* Aus vorgefertigten, normierten Betontafeln werden im Eilverfahren Hochhäuser des Typs WBS 70 (Wohnbauserie 1970) montiert und zu Stadtvierteln mit bis zu 60.000 Wohneinheiten kombiniert.

Montage eines Hochhauses in Plattenbauweise. Die stahlverstärkten Betontafeln müssen vor Ort nur noch aufeinander gesetzt werden.

Sonderzug nach Pankow am Ziel

Am 25. Oktober tritt der westdeutsche Rockmusiker *Udo Lindenberg* mit seinem Palastorchester im Palast der Republik in Ost-Berlin auf. Dort darf er vor dem FDJ-Publikum (Freie Deutsche Jugend) 20 Minuten lang spielen.

Zuvor hatte Lindenberg in dem an DDR-Staats- und Parteichef Erich „Honey" Honecker gerichteten Song *„Sonderzug nach Pankow"* um die Erlaubnis gebeten, in der DDR aufzutreten.

Udo Lindenberg bei seinem Auftritt im Palast der Republik in Ost-Berlin.

„Entschuldigen Sie, ist das der Sonderzug nach Pankow/ich muss mal eben dahin, mal eben nach Ost-Berlin/ich muss da was klären, mit eurem Oberindianer/ ich bin ein Jodeltalent und will das spielen mit `ner Band." Das Lied wird in der DDR verboten, Lindenberg darf aber trotzdem dort auftreten.

Ein Alien wird vergessen und gerettet

Großartige Unterhaltung für die ganze Familie. Mit dem märchenhaften SF-Film *„E.T. - der Außerirdische"* übertrifft Regisseur Spielberg sogar die Riesenerfolge *„Der weiße Hai"* und *„Jäger des verlorenen Schatzes"*.

Mit vier Oscars wird der US-Film „E.T. - Der Außerirdische" bedacht. Der Kassenschlager spielt einen Gewinn von 187 Mio. USD ein.

Ein Alien wird von seinen Kollegen auf der Erde vergessen und von Kindern vor dem Militär gerettet. Der zehnjährige Elliott und seine Geschwister verstecken den heimwehkranken Fremden vor den Erwachsenen. Die NASA spürt das Alien auf, doch E.T. kann sich seinen Verfolgern entziehen und kommt mit Hilfe der Kinder zu neuen Kräften. Elliott und sein Bruder verhelfen dem Außerirdischen zur Flucht. Das Raumschiff kehrt zurück und nimmt ihn mit auf die Heimreise.

Bewegungstraining, das Spaß macht

In den USA ist *Aerobic* bereits seit Ende der 70er Jahre populär, nun schwappt die große Welle der Begeisterung für diese neue Gymnastik mit Musik auch nach Europa und Deutschland über. Ende Juni 1983 wird Aerobic von 30 Mio. US-Amerikanerinnen und schon von 1,5 Mio. Bundesbürgerinnen ausgeübt.

Sydne Rome gilt als Botschafterin des Aerobic in Deutschland. Ihr Buch „Aerobic. Bewegungstraining, das Spaß macht" wird zum Bestseller.

Die neue Art der Körperertüchtigung besteht aus Übungen der herkömmlichen Gymnastik, die - mit Ballet- und Tanzschritten kombiniert - zum schnellen, rhytmischen Tempo von Popmusik ausgeführt wird.

Kein Leistungsdruck in der Schule

Gegen jeden Leistungsdruck sprechen sich die sog. *Freien Schulen* aus, die sich zumeist an den Grundsätzen der Reformpädagogik orientieren. Sie wollen den Kindern die Angst vor der Schule nehmen und die Lust am Lernen vermitteln. Die Schüler in den ganztägig geführten Schulen sollen selbst bestimmen, ob bzw. was sie lernen möchten.

Auf das Miteinander von Lehrern und Schülern wird an den Freien Schulen besonderer Wert gelegt. Bild: Probe für die gemeinsame Akrobatik-Vorführung

Zum Teil läuft der Schulbetrieb ohne staatliche Genehmigung. Die Eltern müssen daher Bußgelder zahlen, weil sie ihre Kinder nicht in eine Regelschule schicken. Die Behörden halten die Freien Schulen für leistungsschwach.

Der „West"-Flop

1981 kommt die Zigarettenmarke *„West"* auf den Markt. Mit einem Werbeaufwand von mehr als 50 Mio. DM und dem Fernseh-Slogan „Go West" versuchte Reemtsma (gehört zur Imperial Tobacco Group, einem der größten Tabakkonzerne der Welt) eine neue Erfolgsmarke zu kreieren.

Die „West"-Werbung mit dem Truckfahrer, einer modernen Version des „Marlboro-Cowboys", wird jedoch zur teuersten ***Pleite*** in der Geschichte der deutschen Markenartikelindustrie.

Zwar kennen 80% der Bundesbürger die „West", aber nur 0,5% kaufen sie.

1983 senkt Reemtsma die Preise für Zigaretten. Die bislang erfolglose Marke „West" kostet vom 24. Januar an nur noch 3,30, DM (bisher 3,80 DM) je Packung mit 20 Stück.

Angst vor Überwachung

In scharfer Form sprechen sich die Grünen im Bundestag gegen die geplante Einführung des *neuen Personalausweises* aus. Sie sehen in dem maschinenlesbaren, fälschungssicheren Ausweis einen „großen Schritt vorwärts in Richtung allseitiger Kontrolle".

Die scheckkartengroße karte ist in eine Plastikfolie eingeschweißt, die jede Manipulation ausschließen soll. Neben Paßfoto, Vor- und Zunamen, Geburtsdatum und -ort sind Angaben zu Größe, Augenfarbe, Staatsangehörigkeit und Anschrift enthalten.

Ein Muster des heftig umstrittenen Personalausweises: Die computerlesbaren Ziffern ermöglichen eine schnelle und genaue Personenüberprüfung.

In Sekundenbruchteilen könne die Daten abgetastet werden. Bei Grenzkontrollen wird es überflüssig, in Fahndungslisten nachschlagen zu müssen.

Exklusiv: 80er Jahre Rucksack zum Selbernähen

Die Nähanleitung für einen Rucksack aus den frühen 80ern zum Selbernähen finden Sie unten.

Hier der QR-Code und Link zur Nähanleitung des 80er Rucksacks zum Download.

https://bit.ly/rucksack-80er

Schreib mal wieder

Unter dem Motto *„Schreib mal wieder"* startet die Bundespost eine Kampagne zur Belebung des Briefverkehrs. Der Hintergrund: Das Briefeschreiben ist in letzter Zeit aus der Mode gekommen. Die Deutschen greifen lieber zum Telefon, durch das schneller und leichter Informationen übermittelt werden können. Die Folge: Die Post verzeichnet im Briefverkehr wachsende Defizite.

Witzige Textbeispiele sollen die Postkunden zur Nachahmung anregen.

Mit Werbekampagnen hat die Post bereits gute Erfahrungen gemacht: Der Slogan *„Ruf doch mal an"* wurde bald zum geflügelten Wort. Billig ist die Werbung allerdings nicht. 1982 gab die Post rund 8 Mio. DM für Anzeigen und Plakate aus.

Zeitgeschichte

Zu einem Verkaufshit modernen Designs entwickelt sich die Neuheit der Schweizer Uhrenindustrie, die *„Swatch“*. Allein auf dem Schweizer Markt werden allein zwischen März und Juni 1983 über 100.000 Stück verkauft. Die Entdeckung des billigen aber farbenfrohen Kunststoffs für die Armbanduhr löst einen Boom in der gesamten Branche aus.

Eine der ersten Swatch-Uhren aus der Schweiz im modischen Plastik-Design – ein riesiger Verkaufserfolg. Marketing-Spezialisten haben sich den neuen Uhrtyp ausgedacht. Erst im zweiten Schritt wandelten die Ingenieure die Ideen in eine günstige 65 DM. Uhr um.

Revolutionär an der „Swatch“ ist nicht nur ihr Plastik-Design, sondern auch die Technologie. Statt aus den traditionell 100 Einzelteilen besteht sie nur noch aus 51 Teilen, die im Baukastenverfahren zusammengesetzt und von einem Gehäuse aus bruchsicherem Kunststoffspritzguss umüllt werden.

Neue Deutsche Welle bricht ein

1982 war die **Neue Deutsche Welle,** eine Mischung aus Schlager und Rockmusik mit durchwegs deutschen Texten sehr beliebt. Zum Prototyp der Gattung wird der Titel *„Da da da ich lieb` dich nicht, du liebst mich nicht“* der Gruppe *Trio.* Trotz monotoner Melodie, karger Instrumentation und Nonsense-Text verkauft sich die Scheibe in der BRD über 1 Mio. Mal.

1983 folgt dann dann ein Tief. Waren Spielereien mit Schnulzenklischees noch bewusste Mittel der NDW, um herkömmliche Schlager zu entfremden, verfallen die neueren Texte wieder der naiven Fröhlichkeit der 50er-Jahre.

Die NDW-Gruppe Trio bei einem Liveauftritt 1982 (v. l. n. r.: Kralle Krawinkel, Peter Behrens, Stephan Remmler)

Das rund 75-minütige Live-Konzert von Trio vom 2. Februar 1982 in der Hamburger Markthalle ist auf Youtube zu sehen. Hier der QR-Code und Link dazu:

https://bit.ly/trio-1982

Europas größtes Sonnenkraftwerk

Am 12. Juli nimmt auf der Nordseeinsel *Pellworm* das größte europäische Sonnenzellen-Kraftwerk den Betrieb auf. Die von der Firma AEG-Telefunken errichtete Anlage, die eine Fläche von zwei Fußballfeldern einnimmt, wandelt mit Hilfe von Solarzellen aus Silizium Sonnenlicht direkt in elektrischen Strom um.

Das Sonnenkraftwerk Pellworm mit 300.000 Siliziumplatten leistet maximal 300 Kilowatt. Das Sonnenlicht wird direkt in Strom umgewandelt.

Das Projekt, das 11,3 Mio. DM kostete, wurde zu 88% von der Europäischen Gemeinschaft (EG) und dem Bundesforschungsministerium finanziert. Die restlichen Kosten trägt die AEG.

Das geschah 2003, als du 20 Jahre alt warst:

Claudia Schiffer bringt ihren Sohn Casper zur Welt. Im Bild mit ihrem Mann Matthew Vaughn und Sohn Casper.

Alexander Klwas wird der erste Sieger bei „Deutschland sucht den Superstar".

Halle Berry wird zur „Sexiest Woman Alive" und Jonny Depp zum „Sexiest Man Alive" gewählt.

Videokassetten im Heimkino

Auf der IFA (Internationale Funkaustellung) in West-Berlin sorgt 1983 die Vorstellung von *Videokassetten* mit 8-mm-Magnetbändern für Aufsehen. Sie sollen die Halbzollbänder (12,7 mm) ersetzen, mit denen alle gängigen Systeme wie VHS, Betamax und Video 2000 arbeiten.

Das Geschäft der Videotheken blüht. Neben Sexfilmen und Horrorstreifen sind Actionfilme und Gaunerkomödien in deutschen Heimkinos beliebt.

Der Umsatz der Videobranche beläuft sich 1983 in der BRD auf rund 2,6 Mrd. DM. Sorgen bereitet den Produzenten von Videokassetten allerdings die zunehmende Zahl von illegal kopierten Bändern. Nach brancheninternen Angaben werden bis zu 80% der im Handel erhältlichen Kassetten auch als Raubkopien angeboten.

ICH HABE PETER BEIM HOLZHACKEN GEHOLFEN, DAMIT ER MIR DEN BEAMER LEIHT ... UND DU KOMMST MIT „VOM WINDE VERWEHT"?!
GUTE FILME BRAUCHEN KEINE FARBEN.

Kati holt Gold

Katarina „Kati" Witt, geboren 1965 in Falkensee geht im *Februar 1983* bei den Europameisterschaften im Eiskunstlauf für die DDR an den Start und wird Europameisterin. „Kati" wird zweimal Olympiasiegerin (1984, 1988) und viermal Weltmeisterin (1984, 1985, 1987, 1988). Nach Beendigung ihrer Karriere ist sie als Schauspielerin und Moderatorin tätig.

Dritte bei der EM im Februar in Dortmund: Claudia Leistner (li.) neben Siegerin Katarina Witt (m.) und der Zweiten Elena Wodorezowa (UdSSR).

17 Leckere Crèpes-Nachtisch Rezepte zum Download

Kochbücher mit Crepes-Rezepte gibt es schon in den 1980er Jahren.

Hier der Link bzw. QR-Code zu 17 original Crepes-Nachtisch-Rezepten aus den 1980er Jahren

https://bit.ly/crepes-1983

Die beliebtesten Sendungen

Die Nummer eins beim deutschen Fernsehvolk ist 1983 die Serie *„Dallas“.* Während Kritiker die Öl-Saga als kindisch, dümmlich und banal verreißen, reagiert Filmregisseur Ingmar Berman mit Humor: *„Dallas“ ist so faszinierend schlecht, dass ich keine Folge versäume. Die Handlung ist abstrus und unlogisch, die Kameraführung grauenhaft, die Regie entsetzlich und unglaublich viele schlechte Schauspieler spielen unglaublich schlecht. Aber es ist irre faszinierend.“*

Die beliebtesten Sendungen 1983

Sendung (Sender)	*Einschaltquote*
Das Traumschiff (ZDF)	56%
Tatort (ARD)	53%
Fußball-EM: BRD-Türkei (ARD)	51%
Wir gratulieren (ZDF)	50%
Derrick (ZDF)	49%
Der Alte (ZDF)	49%
Wetten, daß . . . (ZDF)	48%
Dalli Dalli (ZDF)	48%
Mainz bleibt Mainz (ZDF)	47%
Zellerlesalat (ZDF)	47%
Ein ausgekochtes Schlitzohr (ZDF)	46%
Die Privatsekretärin (ARD)	46%
Hilfe, Otto kommt (ZDF)	45%
Auf los geht's los (ARD)	45%
Ich heirate eine Familie (ZDF)	45%
Dallas (ARD)	45%
Zum blauen Bock (ARD)	44%
Einer wird gewinnen (ARD)	43%
Denver-Clan (ZDF)	43%

Unten: „Dallas“, eine Fernsehserie, die nicht den Anspruch hatte, zu erziehen oder die Welt zu verbessern: Das ist neu im Deutschland der frühen 80er.

BRD mit Premiere im Weltraum

Nach zehntägigem Flug landet die US-amerikanische Raumfähre *„Columbia"* sicher in der kalifornischen Mojave-Wüste. Unter der sechsköpfigen Besatzung befindet sich auch der deutsche Physiker *Ulf Merbold*, der als erster Bundesbürger an einem Flug ins All teilgenommen hat.

Der erste bundesdeutsche Astronaut, Ulf Merbold, beim Wechsel von Werkstoffproben im Weltraumlabor „Spacelab".

Nach sechsjähriger Vorbereitungszeit ist es endlich so weit. Ulf Merbold fliegt in den Weltraum. In seinem Buch „Flug ins All" schildert er die dramatischen Minuten vor dem Start: *„Wir waren an Bord gegangen, lagen in unseren Sitzen, das Gesicht zum Himmel, den Rücken zum Boden, mehr als dreißig Meter über der Erde. Ich wußte, jetzt stand der Höhepunkt meines Lebens bevor …"*

SIE IST BEI BEWUSSTSEIN, ABER SIE WILL NICHT SAGEN WIE ALT SIE IST.

Second Hand-Zeitungen boomen

In Berlin erscheint im Januar zum ersten Mal die Flohmarktzeitung *„Zweite Hand“*. Im Gegensatz zu herkömmlichen Blättern können hier Kleinanzeigen kostenlos aufgegeben werden. Inseriert wird im Grunde alles: Die verschiedensten Gebrauchsgüter ebenso wie Sammler- oder Liebhaberobjekte sowie Bekanntschaftswünsche.

Der außergewöhnliche Erfolg des Berlinger Anzeigers führt zu einem wahren Boom. So erscheinen noch im selben Jahr u.a. *„Der heiße Draht“* in Hannover, der *„Revier Markt“* in Hannover und der *„Marktplatz“* in Köln.

WOCHENZEITUNG FÜR KOSTENLOSE PRIVATE KLEINANZEIGEN

ZWEITE HAND

☎ 2611257 RUND UM DIE UHR POSTFACH 191767, 1000 BERLIN 19

Nr.1 21.1.83

Preis DM 1,-

RUBRIKEN

Titelseite der Ausgabe eins von: „ZWEITE HAND - Wochenzeitung für kostenlose private Kleinanzeigen“ vom 21.1.1983

Dramatische Pilgerfahrt

Am Nachmittag des 16. Juni trifft Papst *Johannes Paul II.* zu seinem Besuch in Polen ein. Am Abend ziehen mehr als zehntausend Anhänger der verbotenen polnischen Gewerkschaft Solidarnosc mit Fahnen und Kreuzen friedlich durch die Straßen der Warschauer Altstadt.

Das US-Wochenmagazin „Newsweek" macht im Juni den Papstbesuch in Polen zur Titelgeschichte. Die Schlagzeile spricht von einer „dramatischen Pilgerfahrt".

Im Warschauer Schloß Belvedere kommt Johannes Paul II. mit dem polnischen Ministerpräsidenten und Parteichef General Wojciech Jaruzelski zusammen. Der Papst spricht zwar über das Thema Freiheit, vermeidet aber offene Kritik an der polnischen Regierung.

Die grüne Tonne kommt

Der jährliche Müllberg ist 1983 auf 25 Mio. Tonnen angewachsen. Hinzu kommen 1,1 Mio Tonnen recycelte Abfälle. Der größte Teil des Mülls landet immer noch ungenutzt auf Deponien. Altpapiercontainer, Sammelbehälter für Glas und Weißblech und die *„Grüne Tonne"* sollen deshalb die umweltbewusste Abfallentsorgung verstärken und die wiederverwertbaren Stoffe in den Produktionskreislauf zurückführen.

Als erste deutsche Kommune stellt Freiburg im Breisgau 1983 „Grüne Tonnen" auf. Sie sollen helfen, den wiederverwertbaren Müll vom unbrauchbaren Rest zu trennen.

Irokesenschnitt

Anfang der 1980er Jahre verbreitet sich die *Punkbewegung* über die ganze Welt. Zugleich wird der Punk ernsthafter, aggressiver und in gewissem Sinne politischer. Die Ausrichtung ist dabei gegen das wieder konservativer gewordene Establishment, gegen die aufkommende Yuppie-Kultur, gegen Rassismus und sonstige als bürgerlich wahrgenommene Vorurteile.

1983 führt die Polizeidirektion Hannover die *Punker-Kartei* ein, in der Punks und Skinheads aufgeführt werden, um *„einen Überblick über die Punkszene in Hannover zu gewinnen"* und einer befürchteten Gefährdung für die öffentliche Sicherheit und Ordnung entgegenwirken zu können. Als Reaktion auf die Kartei werden erstmals die später regelmäßig in verschiedenen Städten stattfindenden Chaostage ausgerufen.

Der Wille aufzufallen, Individualität zu beweisen und Abscheu zu erregen, bewegt Punks zu den absonderlichsten Haarprachten: Am bekanntesten wird der „Irokesenschnitt".

Die Insignien der Punkkultur – bunte, stachelige Haare, Metallschmuck, zerrissene Kleidung – werden schon bald als Modegag in die Konsumwelt integriert.

Exklusiv: 80er Mütze und Handschuhe zum Selberstricken

Selbstgestricktes liegt auch Anfang der 80er im Trend. Die Anleitung für Mütze und Handschuhe zum Selberstricken gibt es unten.

Hier der QR-Code und Link für die Strickanleitung aus zum Download.

https://bit.ly/80er-strickanleitung

Erster Tomograph

1983 erhält die Medizinische Hochschule Hannover als erste deutsche Klinik einen *Kernspintomographen.* Mit dem rund 3. Mio. Mark teuren und 4 t schweren Gerät können ohne eine starke Röntgenstrahlung Aufnahmen aus dem Körperinneren gemacht werden.

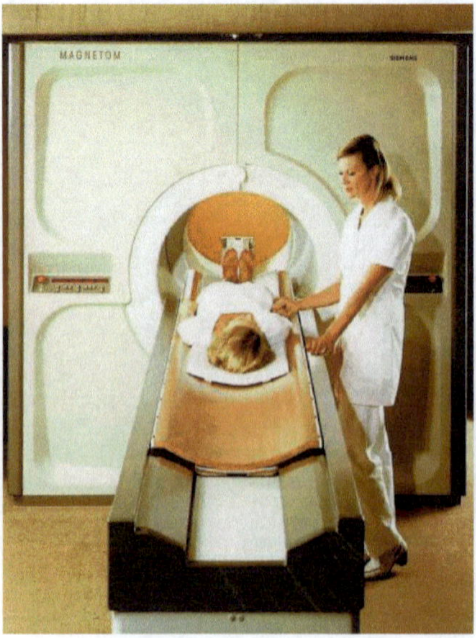

Die Kernspin- oder Magnetresonanztomographie ist ein Diagnoseverfahren, das ohne belastende Röntgenstrahlung von jeder Körperregion genaueste Schnittbilder liefert. Physikalisches Prinzip ist die Veränderung des Drehimpulses (Kernspin) von Atomkernen unter Einfluss von Magnetfeldern.

Während der Patient in einem großen, zylinderförmigen Elektromagneten liegt, lauscht das Gerät auf Signale, die von den Atomen des Körpers ausgestrahlt werden. Am deutlichsten reagieren die Kerne des chemischen Elements Wasserstoff. Da der Mensch zu über 80% aus Wasser besteht, liefert der ganze Körper Signale, die vom Tomographen aufgefangen, verstärkt und mit Hilfe eines Computers zu farbigen Quer- und Längsschnittbildern des Körpers zusammengesetzt werden.

Computer verdrängt Flipper

Wer nicht gelernt hat, seine freie Zeit selbst zu gestalten, wird schnell zum Dauerkunden der Freizeitindustrie. Neben der Fernseh- und Videobranche profitieren vor allem sog. ***Freizeit- und Erlebniscenter*** von der „Langeweile" der Bundesbürger.

So ist die Zahl der ***„Spielhöllen"*** (Werbeslogan: *„Ihre Freizeit ist zu kostbar, um sie zu verschwenden"*) zwischen 1980 und 1983 von 3.500 auf 5.000 angestiegen und die Tendenz ist weiter steigend.

Der Flipperautomat, bevorzugtes Spielzeug von Jugendlichen in den 70er Jahren, wird in den Spielhallen allmählich von Computerspielen verdrängt.

Hits des Jahres 1983

Im Jahr 1983 gibt es in der Musikszene einen Mix unterschiedlichster Stilrichtungen. So liefert *„Die Neue Deutsche Welle“* mit den ***„99 Lufballons“*** von *Nena* einen ihrer größten Hits. *Peter Schillings* ***„Major Tom“*** führt sogar die deutschen Jahrescharts an. Hollywood ist mit dem Filmhit ***„Flashdance“*** vertreten, der auch den Oscar für den besten Filmsong erhält.

Deutsche Jahrescharts 1983

1. *Major Tom* von Peter Schilling
2. *Juliet* von Robin Gibb
3. *I Like* Chopin von Gazebo
4. *Sunshine Reggae* von Laid Back
5. *Flashdance – What a Feeling* von Irene Cara
6. *Moonlight Shadow* von Mike Oldfield
7. *99 Luftballons* von Nena
8. *Bruttosozialprodukt* von Geier Sturzflug
9. *Come Back And Stay* von Paul Young
10. *Codo* von DÖF

Den Link bzw. QR-Code zu einem über 1,2 Millionen Mal geklickten Youtube-Video mit den besten 150 Songs aus dem Jahr 1983 gibt es hier:

https://bit.ly/150-hits-1983

Friedensnobelpreis an Arbeiterführer

Am 10. Dezember nimmt Danuta Walesa für ihren Mann, den polnischen Arbeiterführer *Lech Walesa,* den Friedensnobelpreis entgegen. Das Komitee zeichnet Walesa „für seinen mit erheblichen persönlichen Opfern verbundenen Beitrag zur Sicherung der Rechte der Arbeiter auf Gründung eigener Organisationen" aus.

DEN NORSKE NOBELKOMITÉ

HAR OVERENSSTEMMENDE MED REGLENE I DET AV

ALFRED NOBEL

DEN 27. NOVEMBER 1895 OPPRETTEDE TESTAMENTE TILDELT

Lech Wałęsa

NOBELS FREDSPRIS FOR 1983

OSLO, 10. DESEMBER 1983

Die Urkunde zum Friedensnobelpreis, der umgerechnet mit 495.000 DM dotiert.

Walesa hatte auf eine Teilnahme and der Feier in Oslo verzichtet, weil er nicht das Risiko einer Rückreiseverweigerung durch die Warschauer Machthaber eingehen wollte.

Die beliebtesten Vornamen

Folgende Vornamen sind im Jahr 1983 am beliebtesten:

Mädchen:

1. Stefanie
2. Julia
3. Katrin
4. Anna
5. Sandra
6. Katharina
7. Nicole
8. Sarah
9. Nina
10. Melanie

Jungen:

1. Christian
2. Sebastian
3. Florian
4. Michael
5. Matthias
6. Jan
7. Stefan
8. Benjamin
9. Martin
10. Tobias

Interessante Preise 1983

Bier/0,5l	0.91 DM
Brot/kg	2,80 DM/kg
Butter/kg	10,92 DM/kg
Eier/Stück	0,25 DM
Milch/L	1,20 DM
Rindfleisch/kg	10,11 DM
Schwein/kg	11,60 DM
Zucker/kg	1,88 DM
Kartoffeln/kg	0,80 DM
Mehl/kg	1,32 DM

Prominente Geburtstagskinder

Folgende prominente ErdenbürgerInnen erblicken 1983 das Licht der Welt:

5. Januar: Marlon Roudette
britischer Musiker

11. Januar: Mark Forster
deutscher Sänger

07. April: Franck Ribéry
franz. Fußballer

21. Juni: Edward Snowden
Whistleblower

11. August:
Chris Hemsworth
austr. Schauspieler

14. September:
Amy Winehouse, brit. Sängerin

22. September:
Klaas Heufer-Umlauf
Moderator

02. November:
Andreas Bourani
deutscher Sänger

11. November:
Philipp Lahm
deutscher Fußballer

NEIN, FRAU MÜLLER, EINGEHENDE E-MAILS WERDEN NICHT ABGESTEMPELT.

1983 als Kreuzworträtsel

1. Oscar Film; 2. Geländegängiges Fahrrad; 3. US-TV-Serie; 4. Deutsche Comic-Figur; 5. Verpackungskünstler; 6. Erfolgreichstes Musikalbum; 7. Nachname deutscher Rockmusiker; 8. Musik-Gymnastik, 9. Uhren-Neuheit; 10. Nachname erster Deutscher im All; 11. Punkfrisur; 12. Nachname Träger Friedensnobelpreis; 13. Beliebtester Mädchen-Vorname; 14. Chin. Sternzeichen; 15. Hauptdarsteller in „Der Name der Rose"

Lösung Kreuzworträtsel

1. Gandhi; 2. Mountainbike; 3. Denverclan; 4. Werner; 5. Christo; 6. Thriller; 7. Lindenberg; 8. Aerobic; 9. Swatch; 10. Merbold; 11. Irokese; 12. Walesa; 13. Stefanie; 14. Schwein; 15.Connery

Bildverzeichnis und Links

alamy; bigstock; canto; gettyimages; okapia; pixxio; pixabay; shutterstock; stokpic. Trotz größter Sorgfalt konnten die Urheber nicht in allen Fällen ermittelt werden. Es wird gegebenenfalls um Mitteilung gebeten.

Wir bitten um Verständnis, dass wir keinen Einfluss darauf haben, wie lange die externen Links (z.B. Youtube-Videos) abrufbar sind. Es besteht keinerlei wirtschaftliche oder sonstige Verbindung zu eventuell eingespielter Werbung vor den Videos. Cartoons: Nadja Kühnlieb

Impressum

Autorin: Nadja Kühnlieb

© 2023 Verlag Mensch
www.verlagmensch.com / info@verlagmensch.com
Dr. Roman Feßler LL.M.
6900 Bregenz - Österreich, Bregenzer Straße 64
Umschlaggestaltung: Ingeborg Helzle Grafikdesign
Covermotiv: Alamy

1. Auflage 2023
Alle Rechte vorbehalten. Nachdruck, auch auszugsweise, nur mit schriftlicher Genehmigung des Verlags.

In der Serie Geburtstagsbücher für Frauen sind erschienen:

In der Serie Geburtstagsbücher für Männer sind erschienen:

Alle Jahrgänge enthalten Download-Material zum jeweiligen Geburtsjahr.
Alle Geburtstagsbücher sind exklusiv auf Amazon erhältlich.

Psychologische Ratgeber des Verlags

Dr. Beate Guldenschuh-Feßler

Jeden Tag glücklich!

Positive Psychologie für mehr Glück & Lebensfreude

Exklusiv auf Amazon.
Der Link zum Buch:
bit.ly/Jeden-Tag-glücklich

Auf 425 Seiten erhalten Sie 199 Praxistipps und Übungen von der erfahrenen Diplom-Psychologin und Verhaltenstherapeutin zur Erhöhung Ihres persönlichen Glückniveaus.

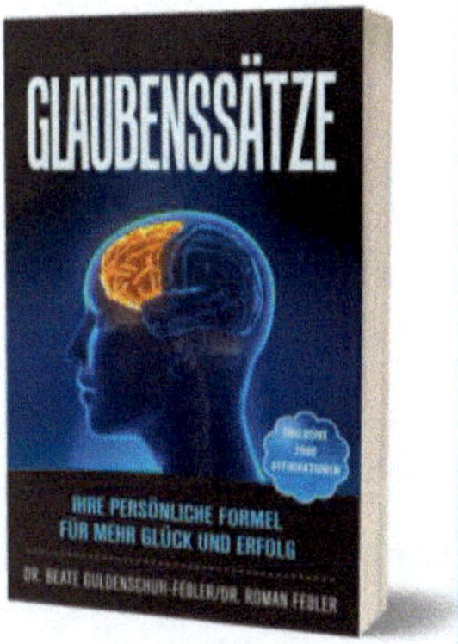

Dr. Beate Guldenschuh-Feßler

Glaubenssätze

Ihre persönliche Formel für mehr Glück und Erfolg. Inklusive 2.000 Affirmationen

Der Link zum Buch:
bit.ly/Buch-Glaubenssätze

Identifizieren Sie Ihre einschränkenden Glaubenssätze und erfahren Sie, wie Sie mit positiven Affirmationen glücklicher und erfolgreicher werden.

Dr. Beate Guldenschuh-Feßler

Das große Tagebuch der Dankbarkeit

Studien beweisen, dass ein Dankbarkeitstagebuch unser Glücksniveau steigern und Geist und Körper positiv beeinflussen kann.

Der Link zum Buch:
bit.ly/dankbares-leben

Neben ausreichend Platz für Ihre Tagebucheintragungen erhalten Sie psychologisches Hintergrundwissen, Tipps und Übungen zum Thema Dankbarkeit.

Dr. Beate Guldenschuh-Feßler

Grimms Märchen für mehr Selbstbewusstsein, Mut & Hilfsbereitschaft

11 Tugenden zur Persönlichkeitsentwicklung psychologisch aufbereitet.

Der Link zum Kinderbuch:
https://amzn.to/3N5GaQh

Vermitteln Sie anhand von Grimms Märchen Werte, die für Kinder von besonderer Bedeutung sind. Mit Ausmalbildern und Hörbuch für Kinder ab 4 Jahren.

Printed in Poland
by Amazon Fulfillment
Poland Sp. z o.o., Wrocław

13907297R00047